FELIX THURINGIA PLAUDE

3., erweiterte Auflage

FELIX THURINGIA PLAUDE

LATEINISCHE BAU-INSCHRIFTEN

IM STADTBILD VON ERFURT

Zweisprachige Ausgabe
von
Kai Brodersen

3., erweiterte Auflage

Kartoffeldruck-Verlag
Speyer 2023

Für meinen Enkel Kurt (*2022),
der mich beim Aufsuchen der Inschriften
begeistert begleitet hat.

Bibliografische Information der Deutschen Nationalbibliothek

Die Deutsche Nationalbibliothek verzeichnet diese Publikation in der Deutschen Nationalbibliografie; detaillierte bibliografische Daten sind im Internet über http://dnb.d-nb.de abrufbar.

Der Kartoffeldruck-Verlag publiziert zum reinen Selbstkostenpreis Bücher, die in jeder Buchhandlung bestellt werden können.

3., erweiterte Auflage 2023
(Die beiden vorigen Auflagen sind ebenfalls 2023 erschienen.)

www.kartoffeldruck-verlag.de
ISBN 978-3-939526-58-2

Inhaltsverzeichnis

Einführung

Felix Thuringia plaude, »glückliches Thüringen, applaudiere«: Das steht in Erfurt an den Substruktionen (Kavaten) des Dombergs auf einer Bau-Inschrift (in diesem Buch Inschrift #1). Wer durch Erfurt läuft, begegnet im Stadtbild solchen Inschriften immer wieder. Deren älteste entstanden im 14. Jahrhundert, die jüngsten sind noch keine 25 Jahre alt. Zusammen bieten die lateinischen Bau-Inschriften einen vielfältigen Einblick in die Geschichte der Stadt. Dieses Buch präsentiert über sechzig von ihnen in Bild, Text und Übersetzung.

Es geht im Folgenden nur um lateinische Inschriften – nicht aber um solche in hebräischer, deutscher oder einer anderen Sprache und auch nicht um ganz kurze auf Latein formulierte Angaben wie *Anno* oder *Anno Domini* mit einer Jahreszahl. Es geht nur um Bau-Inschriften – nicht aber um individuelle Grab-Inschriften, von denen es eine Vielzahl in und an den Erfurter Kirchen gibt, nicht um Inschriften in Innenräumen und auch nicht um Inschriften an beweglichen Kunstwerken und an Glocken. Und es geht nur um Inschriften, die man frei im Stadtbild sehen kann. Lediglich in ein paar Fällen kann man die Inschriften gut nur von einem Privatgrundstück aus sehen, zu dem man den Zugang erbitten muss (dies ist im Folgenden jeweils vermerkt).

Alle hier präsentierten Inschriften waren im Frühjahr 2023 zu sehen. Sie wurden von mir aus der Fußgängerperspektive für dieses Buch neu photographiert.

Wer weitere lateinische Bau-Inschriften dieser Art im Stadtbild von Erfurt findet, ist eingeladen, sie zu melden – und bekommt die nächste Auflage dieses Buches dann geschenkt! Bitte nennen Sie mir Ihren Fund per E-mail an kai.brodersen@uni-erfurt.de, sprechen Sie mich an oder schreiben Sie mir (#48 ist an unserem Haus angebracht) – ich bin gespannt auf Ihre Hinweise. Danke!

Inschriften im Stadtbild

Als 1915 Richard Jahr und Wilhelm Lorenz ihre Sammlung »Die Erfurter Inschriften (bis zum Jahre 1550)« in den »Mitteilungen des Vereins für die Geschichte und Altertumskunde von Erfurt« (MVGAE) vorlegten (anders als jene geht unsere Sammlung über das Jahr 1550 hinaus und bietet Übersetzungen), war bereits eine Vielzahl von Inschriften im Original verloren und nur noch aus Archivalien zu rekonstruieren.

Auch wenn Erfurt glücklicherweise in den beiden Weltkriegen weniger stark zerstört wurde als andere Städte und auch wenn die in vielen anderen Städten häufige städtebauliche Vernichtung historischer Bausubstanz in Erfurt weniger dramatisch war als anderenorts, ist die Zahl dieser Verluste seit 1915 nochmals gestiegen – und steigt noch immer.

So ist eine im Sockel der Nordwand des Hauses Lange Brücke 17 erhaltene Inschrift, die wohl aus der in der Nähe gelegenen, aber abgebrochenen Vitus-Kirche stammte – der Text lautet *Pancr<a>cius Haelbich d(ominus) eq(ues) s(ibi) m(onumentum) f(aciendum) c(uravit)*, also »Pancracius Haelbich, Herr und Ritter, hat (dies) für sich als zu errichtendes Monument besorgt« –, durch den in den 1990er Jahren errichteten unmittelbar benachbarten Neubau (Lange Brücke 16) verstellt worden und heute nicht mehr sichtbar. Die Bau-Inschrift am Georgsturm #27 verwittert so stark weiter, dass sie in wenigen Jahren überhaupt nicht mehr lesbar sein wird. Von der (Jahr und Lorenz noch unbekannten) Inschrift #38 wurde ein Teil – zudem um 90° verdreht – in die Außenfassade der renovierten Martinskaserne eingesetzt, ein zweiter Teil jedoch innen verbaut und zugeputzt. Und selbst die lateinische Inschrift #37, die 1999 beim Neubau des Bundesarbeitsgerichts als Kunst am Bau erstellt wurde, ist inzwischen durch den Kot der im benachbarten künstlichen Teich lebenden Enten in ihrer Lesbarkeit bedroht. Das vorliegende Buch will auch deshalb die derzeit (April bis

Juni 2023) im Stadtbild von Erfurt sichtbaren lateinischen Bau-Inschriften dokumentieren. Präsentiert werden nach einem Photo eine Transkription des Texts, ein lateinischer Lesetext und eine (oft sogar die erste) deutsche Übersetzung. Aus Archivalien oder älteren Publikationen bekannte, heute nicht mehr lesbare Buchstaben stehen in eckigen, Ausschreibungen von Abkürzungen in runden Klammern. Pünktchen ersetzen nicht mehr klar Lesbares. Zeilenwechsel ist durch Schrägstrich markiert. Im Lateinischen werden bei den Jahresangaben *Anno* (»Im Jahr«) anders als im Deutschen die Zahlen meist als Ordinalzahlen geschrieben, also etwa *Anno MDC°* (= *Anno millesimo sescentesimo*, »Im 1600. Jahr«).

Gotische Minuskel

Bis ins frühe 16. Jahrhundert wurden in Erfurt die meisten lateinischen Bau-Inschriften nicht in der antiken Schriftart Capitalis (die weitgehend den heute vertrauten Großbuchstaben entspricht) oder in Majuskeln (Großbuchstaben) geschrieben. Vielmehr nutzte man Minuskeln (Kleinbuchstaben), meist die »gotische Minuskel« (sie wird auch Gotica textualis genannt).

Diese Schrift ist »gebrochen« (also eine »Fraktur«). Beim Schreiben mit dem Federkiel drückt man bei den senkrechten Linien auf den Schaft der Feder, was breite Linien hervorbringt (diese nennt man daher »Schäfte«); nach einem Absetzen der Feder (»Bruch«) kann man die Schäfte durch Bogenverbindungen verknüpfen. Ein einzelner Schaft kann je nach Länge ein i (fast immer ohne i-Punkt) oder ein l sein. Ein langer Schaft, der oben einen kleinen Bogen nach rechts und mittig einen feinen durchgehenden Querstrich hat, ist ein f, ohne durchgehenden Querstrich ein s (ſ; wir kennen diese Form des s noch in der sz-Ligatur ß, die ein langes s, also ein ſ, mit einem z verbindet). Bei nicht langen Schäften muss man zum Lesen die Zahl der zueinandergehörenden Schäfte bestimmen (i, n und m haben

1, 2 bzw. 3 Schäfte) und auf deren Verbindungen achten. Beim u etwa werden zwei Schäfte durch einen kleinen Bogen unterhalb verbunden, beim n zwei durch einen kleinen Bogen oberhalb, beim m drei oberhalb. Nicht immer gelingt es, ii und u eindeutig zu unterscheiden (s. etwa #25, #49a). Hinzu kommt die Verwendung von Abkürzungen, insbesondere steht am Ende von lateinischen Wörtern für ein m oft ein waagerechter Strich über dem vorletzten Buchstaben (dominū steht also für dominum). Satzzeichen werden in mittelalterlichen und frühneuzeitlichen Schriften kaum verwendet, gelegentlich finden sich aber Atemzeichen und manchmal stehen (nur) Anfangsbuchstaben in Majuskeln. Insgesamt ergibt die gotische Minuskel eine ästhetisch ansprechende Textur. Bei der Übernahme dieser Schrift in den Buchdruck spricht man von dieser Schriftart daher als Textura.

Bibelstellen

Einige Inschriften zitieren oder paraphrasieren Passagen aus der Bibel und geben gelegentlich auch die Belegstelle an. Dabei folgen sie bei den Psalmen der traditionellen Zählung der lateinischen Bibelübersetzung Vulgata. Diese zählt Psalm 9–10 sowie 114–115 jeweils als nur einen Psalm, hingegen Psalm 116 und 147 jeweils als zwei. Die Zählung der Psalmen 10–147 liegt deshalb meist um 1 niedriger als die seit der Reformation (und heute auch in den sogenannten Einheitsübersetzung) übliche. Im Folgenden sind, wo erforderlich, beide Zählungen angegeben.

Tradition der klassischen Antike

In die Tradition der klassischen Antike stellen sich Bauherren seit dem Barock nicht nur mit Verweisen auf die neun Musen (#7, #29, #30), sondern auch mit nur für Gebildete erkennbaren Bezugnahmen auf Cicero (#8a), Horaz (#37 und #52) und Vergil (#51) oder anderen lateinischen Sprüchen (#39, #39b).

Datumsangaben

Für Datumsangaben galt bis ins 16. Jahrhundert im Wesentlichen der von Gaius Iulius Caesar 45 v. Chr. eingeführte »julianische« Kalender. Von 1582 wurde er auf Initiative von Papst Gregor XIII. schrittweise durch den bis heute gültigen »gregorianischen« Kalender abgelöst. Die Datumsangaben werden daher in diesem Buch, wo erforderlich, nach beiden Kalendern gegeben.

Bewegliche und unbewegliche Festtage

Tagesdaten werden in den Bauinschriften nicht selten anhand der Gedenktage für einzelne Heilige genannt. Die in Erfurt üblichen Tage sind hier nach der auf Archivalien gestützten Liste bei Grotefend 1898, S. 38–42 wiedergegeben:

Hl. Gregor 12. März (#16),
Mariä Verkündigung 25. März (#2a),
Hl. Markus 25. April (#46),
Kreuzauffindung 3. Mai (#52),
Hl. Gangolf 13. Mai (#42),
Hl. Urbanus 25. Mai (#18),
Hl. Jakob 25. Juli (#19),
Hl. Pant(h)aleon 28. Juli (#2),
Hl. Matthäus 21. September (#38).

Hinzu kommen Angaben zu den vom Osterfest abhängigen beweglichen Festtagen:

Estomihi: Sonntag vor dem (vom Aschermittwoch markierten) Beginn der Passionszeit, sieben Wochen vor Ostern (#36),
Judica: Fünfter Sonntag der Passions- und Fastenzeit, zwei Wochen vor Ostern (#53),
Christi Himmelfahrt: Vierzigster Tag (inklusiv gerechnet) der Osterzeit, also Donnerstag 39 Tage nach Ostern (#13, #17).

Dank

Diese Sammlung wäre ohne vielfältige Hilfe nicht möglich gewesen. Danken möchte ich allen voran Christian Misch (Thüringisches Landesamt für Denkmalpflege und Archäologie) und Tim Erthel (Verein für die Geschichte und Altertumskunde von Erfurt e. V.), außerdem Volker Düsterdick (Träger des Thüringer Denkmalschutzpreis für Archäologie), Andreas Fincke (Evangelische Erwachsenenbildung Erfurt), Sonja Gegenwart, Jörg Jung, Udo Köster, Benedikt Kranemann, Kathleen Kröger (Thüringer Allgemeine), Michael Matscha (Bistumsarchiv Erfurt), Roland Oehler, Anne Palmowski (Stadtarchiv Erfurt) und Kai Uwe Schierz (Kunstmuseen Erfurt) für wertvolle Hinweise, meinen Studierenden an der Universität Erfurt für ihr Interesse am Thema und meiner lieben Frau Christiane für das Mitlesen der Korrekturen.

Noch nicht erfasst sind die lateinischen Bau-Inschriften außerhalb des zentralen Stadtraums von Erfurt; namentlich an den Dorfkirchen in der Umgebung gibt es noch einige Bauinschriften, die nun gesammelt werden wollen. In einer vierten Auflage sollen zudem mit hoffentlich tatkräftiger Hilfe der Leserschaft Fehler behoben und Lücken geschlossen werden, die es auch dieser dritten, erweiterten Auflage bestimmt noch gibt.

Erfurt, im Juni 2023 — Kai Brodersen

Lateinische Bau-Inschriften

#1 Dom (Marienkirche), Kavaten, um 1450/1475

Domstufen, beim Aufstieg zweites Plateau links am zweiten der nach Norden gerichteten Strebepfeiler.
Stein, erhabene gotische Minuskel.
Der lateinische Text ist offenbar gereimt.

in • cristi • laude • felix / • thuringia • plaude • / cui' • habes • donis • tan/tis • gaude' • patronis

In Christi laude felix Thuringia plaude,
cuius habes donis tantis gaudere patronis.

Zu Christi Lob applaudiere, glückliches Thüringen, durch dessen Gaben du (die Möglichkeit) hast, dich über so viele Patrone zu freuen.

Lit.: Tettau 1890, S. 44; Jahr/Lorenz 1915, Nr. 68 (lesen nicht *cui',* sondern *qui',* also *quia*, »weil du durch Gaben«); Becker 1929, S. 129; Bornschein, Falko: Die heiligen Adolar und Eoban in der mittelalterlichen und frühneuzeitlichen Kunst am Erfurter Dom, in: Jahrbuch für Erfurter Geschichte 6 (2011), S. 33–130, spez. S. 61–62 (deutet als *patroni* Maria, Adolar und Eoban); Müller, Rainer/Sladeczek, Martin: Der Erfurter Domberg als Ort der Reliquienverehrung und als Wallfahrtsziel, in: Pilgern zu Wasser und zu Lande, hg. v. Hartmut Kühne/ Christian Popp (Jakobus-Studien 24), Tübingen 2022, S. 395–466, spez. S. 396 Anm. 1 (lesen *gaude* und schlagen m. E. unplausibel vor, den dann nicht mehr verständlichen Kasus des Wortes *donis* in der Übersetzung »anzupassen«).

#2 Dom (Marienkirche), Langhaus, 1455

Nordseite, mittlerer der drei Strebepfeiler.
Stein, erhabene gotische Minuskel.

anno dn̄i m° cccc° lv° ī / die panthaleonis in/cepta est hec structu'a

Anno Domini MCCCCLV in die Panthaleonis incepta est hec structura.

Im Jahr des Herrn 1455 am Tag des (Hl.) Pant(h)aleon ist begonnen worden dieses Bauwerk.

Der Tag des Hl. Pant(h)aleon ist in Erfurt der 28. Juli. Der 28.7.1455 julianisch entspricht dem 6.8.1455 gregorianisch.

Lit.: Tettau 1890, S. 30; Jahr/Lorenz 1915, Nr. 70; Becker 1929, S. 25; Dehio 1998, S. 297.

#2a Dom, südlicher Anbau am Hochchor, 1349

Dom, Anbau an der Südseite des Hochchors am dritten Joch, Südeingang zur sog. Krypta (Unterkirche).
Nur selten öffentlich zugänglich.
Stein, erhabene gotische Minuskel.

K / incepta • est • hec • structura • h ' • chori • / an̄o • dn̄i • m° • ccc° • xlix° • ān̄ūciacoīs • m^{c} / Th

K – Incepta est hec structura huius chori Anno Domini MCCCXLIX annunciaonis Mariae – Th

Begonnen worden ist dieses Bauwerk dieses Chores im Jahr des Herrn 1349 (am Tag) Mariä Verkündigung.

K und Th sind wohl die Zeichen zweier Vormünder der Bauhütte.

Mariä Verkündigung wird am 25. März gefeiert. Der 25.3.1349 julianisch entspricht dem 2.4.1349 gregorianisch.

Lit.: Tettau 1890, S. 27; Jahr/Lorenz 1915, Nr. 9; Becker 1929, S. 98; Dehio 1998, S. 297.

#2b Dom (Marienkirche), Triangelportal, nach 1330

Osten (Stadtseite) mit einer Kreuzigungsgruppe,
am unteren Rand des Tympanon.
Aufgemalte gotische Minuskel.

o vos o[mn]es q[ui transitis] p[er] via[m] atte[n]dite et videte si e[st] dolo[r] sicut dolor meus

O ihr alle, die ihr vorübergeht auf dem Weg: Schaut und seht, ob (irgendein) Schmerz ist wie mein Schmerz.

Klagelieder (Lamentationes) 1,12.

Lit: Dehio 1998, S. 299 (nicht zur Inschrift); Kammel, Frank Matthias: Kunst in Erfurt 1300–1360. Studien zu Skulptur und Tafelmalerei, Berlin 2000, S. 46 (Datierung 1330–1337; nicht zur Inschrift); Siart, Olaf / Wortmann, Martin: Das Triangel. Skulpturen, in: Forschungen zum Erfurter Dom (Arbeitsheft des Thüringischen Landesamtes für Denkmalpflege, Neue Folge 20), hg. v. Johannes Cramer, Manfred Schuller, Stefan Winghart, Erfurt 2005, S. 175–189, spez. S. 177.

Westen mit einer Darstellung von Christus als Weltenrichter, am unteren Rand des Tympanon.
Aufgemalte gotische Minuskel.

...] / ipso et / in ipso [...

Per ipsum, et cum ipso, et in ipso, est tibi Deo Patri omnipotenti, in unitate Spiritus Sancti, omnis honor et gloria per omnia saecula saeculorum.

Durch ihn und mit ihm und in ihm ist Dir, Gott, allmächtiger Vater, in der Einheit des Heiligen Geistes, alle Herrlichkeit und Ehre, jetzt und in Ewigkeit.

Doxologie des Hochgebets der lateinischen Messe.

Lit: Tettau 1890, S. 62 (vermutete Bezug auf Römer 11,36 *quoniam ex ipso et per ipsum et in ipso omnia ipsi gloria in saecula* / Denn von ihm und durch ihn und zu ihm sind alle Dinge); Dehio 1998, S. 299 (nicht zur Inschrift); Kammel 2000 (wie oben), S. 46; Siart/Wortmann 2005 (wie oben), S. 179.

#3 Dom (Marienkirche), Jungfrauenportal, 1919

Westliches Triangelportal, (»Jungfrauenportal«).
Eiserne Türbeschläge, Capitalis.
Angefertigt von Kunstschmied Robert Taubert (1871–1950).

+ ego • avtem • cōstitvt(vs) • svm + / rex • ab • eo • svper • sion • mon/tem • sanctvm • eivs • praedi/cans • praeceptvm • eivs • ps • 2 • 6

qvam • terri/bilis • est • lo/cvs • iste • no/n • est • hic • a/livd • nisi • d/omvs • dei • et / porta • coeli • genesis • 28 • 17

+ ego • svm • ostivm • per + / me • si • qvis • introierit • salva/bitvr • et • ingredietvr• et • egre/dietvr • et • pascva • inveniet • / ioan • 10 • 9 voce • mea / ad • domin/vm • clama/vi • et • exavd/ivit • me • de / monte • sancto • svo • ps • 3 • 5

Ego autem constitutus sum rex ab eo super Sion montem sanctum eius praedicans praeceptum eius. Ps 2,6.

Quam terribilis est locus iste. Non est hic aliud nisi domus Dei et porta coeli. Genesis 28,17.

Ego sum ostium; per me si quis introierit salvabitur et ingredietur et egredietur et pascua inveniet. Ioan. 10,9.

Voce mea ad Dominum clamavi, et exaudivit me de monte sancto suo. Ps 3,5.

Ich aber bin als König eingesetzt von ihm über seinen heiligen Berg Zion als Verkünder seines Gebots. Psalm 2,6.

Wie heilig (furchterregend) ist diese Stätte! Hier ist nichts anderes als Gottes Haus, und hier ist die Pforte des Himmels. Genesis (1. Buch Mose) 28,17.

Ich bin die Tür; wenn jemand durch mich hineingeht, wird er selig werden und wird ein- und ausgehen und Weide finden. (Evangelium des) Johannes 10,9.

Mit meiner Stimme habe ich zum Herrn gerufen und er hat mich erhört von seinem heiligen Berg. Psalm 3,5.

Lit.: Kunze, Herbert: Das Erfurter Kunsthandwerk, Erfurt 1929, S. 130 Nr. 329.

#4 Severikirche, Langhaus, vor 1350

Südseite am Ostende, oberhalb eines Reliefs.
Stein, vertiefte gotische Majuskel.

solve patre / parcetur

Löse, durch den Vater geschont werden möge …

Lit.: Jahr/Lorenz 1915, Nr. 10; Becker 1929, S. 415; Dehio 1998, S. 314 (nicht zur Inschrift); Meißner, Karl-Heinz: Spendennischen an Erfurter Kirchenbauten, in: MVGAE 68 (2007), S. 16–30, spez. S. 21–23 (liest *salve*, »sei gegrüßt«, und deutet *patre* m. E. unplausibel als Vokativ).

#5 Peterskirche, Langhaus, 1382

Südseite am Ostende, zweites Feld westlich vom Querhaus. Stein, vertiefte gotische Majuskel.

+ anno • dn̄i • m° • ccc° • lxxxii • orta • est / • pesthilencia • et • facta • est • hic / magna • fovea • in • qva • sv̄t • sepvlte / tres • sexagene • et • qvindecim hoim̄ • qr̄ / aīe • reqescent • in • pace • amen

Anno Domini MCCCLXXXII orta est pestilencia et facta est hic magna fovea, in qua sunt sepulte tres sexagene et quindecim hominum quorum anime requiescent in pace. Amen.

Im Jahr des Herrn 1382 ist eine Pest aufgekommen und ist hier eine große Grube gemacht worden, in der bestattet sind drei Schock (= Gruppen à 60) und 15 (also insgesamt 195) Menschen, deren Seelen ruhen mögen in Frieden. Amen.

Lit.: Tettau 1890, S. 284; Jahr/Lorenz 1915, Nr. 25; Becker 1929, S. 636; Dehio 1998, S. 361.

#5a Lauentor, Martinsbastion, Turm der äußeren Stadtbefestigung, 1423

Inschrift an der Bastion Martin, auf der Straßenseite zur Straße namens Lauentor.
Stein, erhabene gotische Minuskel, stark beschädigt.

[incepta est hec turris anno dn̄i mccccxxiii / quando Conradus Nehusen et / Herman' Meynhard magistri fabrice civitatis fuerunt]

Begonnen worden ist dieser Turm im Jahr des Herrn 1423, als Conradus Nehusen und Hermannus Meynhard Meister der Bauhütte der Gemeinde waren.

Jahr/Lorenz 1915, Nr. 39* (dazu ebd. Seite 5) verzeichnen die nach Archivalien wiedergegebene Inschrift als »nicht mehr vorhanden«. Sie wurde wiedergefunden, als man 1921 beim Durchbruch durch die Bastion Martin für den Bau der Lauentorstraße Reste eines Turms der äußeren Umwallung Erfurts fand und dessen Innenraum in die neue Mauer als Tormotiv einbezog; dort brachte man auch die Inschrift an. Seit dem Ende der Bauarbeiten für den Bastionskronenpfad Ende Mai 2023 ist die Inschrift wieder zugänglich.

Lit.: Jahr/Lorenz 1915, Nr. 39*; Becker 1929, S. 680 (nicht zur Inschrift).

#6 Benediktsplatz 1, ehem. Fischmarkt 27 (Haus zum Großen Paradies und Esel), 1469

Hinterhaus an der Stadtmünze.
Stein, erhabene gotische Minuskel, über dem Wappen der Familien Kellner (vgl. #15 und #26a) und Markgraf.

anno dn̄i m° cccc° lxix° completa est hec structura

Anno Domini MCCCCLXIX completa est hec structura.

Im Jahr des Herrn 1469 ist vollendet worden dieses Bauwerk.

Lit.: Tettau 1890, S. 337 (liest *1429*); Jahr/Lorenz 1915, Nr. 95.

#7 Fischmarkt 7 (Haus zum Roten Ochsen), 1562

Fries über dem Portal mit Relief-Darstellung der Planetengötter und der Musen.
Aufgemalte Capitalis.

Satvrn / Mars Jvpiter /Sol Venvs / 1562 1737 / Mercvrivs Lvna

Evterpa Klio / Thalia Erato / Polimnia Melpomene / Terpsichore Vrania

Saturn, Mars, Jupiter, Sonne, Venus, 1562 1737, Merkur, Mond.

Euterpe, Klio, Thalia, Erato, Polyhymnia, Melpomene, Terpsichore, Urania.

Von den neun Musen (vgl. #29, #30) fehlt Kalliope.

Lit.: Tettau 1890, S. 335–336; Dehio 1998, S. 382.

#8 Fischmarkt 13 (Haus zum Breiten Herd), 1584

Fries über dem Portal mit Relife-Darstellung der fünf Sinne. Aufgemalte Capitalis.

Visvs / Avditus / Odoratvs / Gvstvs / Tactvs

Sehsinn, Hörsinn, Geruchssinn, Geschmackssinn, Tastsinn.

Lit.: Schauerte, Franz: Das Haus zum Breiten Herd. Festgabe zum dreihundertjährigen Jubiläum am 4. November 1884, Paderborn 1884 (2. Aufl. 1900); Tettau 1890, S. 336; Das Gildehaus zu Erfurt. Festschrift zum 10jährigen Bestehen der Erfurter Handwerkskammer, Erfurt 1956, S. 12; Dehio 1998, S. 377 (nicht zur Inschrift).

#8a Fischmarkt 13 Rückgebäude (sog. Barockschlösschen), 1727

Sommerhaus des Otto Christoph Schulze.
Kartusche über dem Mittelrisalit.
Aufgemalte Zierschrift.

deus / ex gratia / post tot labores / hanc / dedit requiem / anno MDCCXXVII

Gott gab aus Gnade nach so vielen Mühen diese Ruhe im Jahr 1727.

Schlussstein über dem gartenseitigen Zugang zum Haus zum Breiten Herd.
Stein, vertiefte Capitalis.

solitudo / mea / mihi / provincia

Meine Einsamkeit ist mir Wirkungskreis.

Cicero, Briefe an Atticus 12,26,2 (vom 22.3.45 v. Chr.): *sed mihi solitudo et recessus provincia est* / aber mir sind die Einsamkeit und der Rückzug Wirkungskreis.

Otto Christoph Schulze war Hannoverscher Legationsrat und Landdrost (Gerichtsherr) zu Molsdorf. Er starb bereits 1728. Nach dem Tod seiner Frau wurde Schloss Molsdorf (s. #51) an Graf Gotter verkauft.

Lit.: Schauerte 1884 ([2]1900) (wie #8), S. 35; Festschrift 1956 (wie #8), S. 19; Dehio 1998, S. 383 (nicht zu den Inschriften).

#9 Fischmarkt 14–16 (Haus zum Stötzel), 1883

Das Haus ist seit 1925 Sitz der Handwerkskammer und seither als »Gildehaus« bekannt.
Fassade: Bauinschrift und Darstellung der vier Tugenden.
Erhabene bzw. aufgemalte Capitalis.

auctor / Carol. Walther. / mercator. / aedificator / Carol. Fruehling. arch(i)consiliar(ius). / A. D. 1883.

Justitia / Prudentia / Fortitudo / Temperantia.

Bauherr Carl Walther, Kaufmann; Erbauer Carl Frühling, Baurat; im Jahr des Herrn 1883.

Gerechtigkeit, Klugheit, Tapferkeit, Mäßigung.

Lit.: Tettau 1890, S. 336–337; Dehio 1998, S. 383 (nicht zur Inschrift).

#10 Fischmarkt 14–16, Erker und Seitenportal, 1883

Inschriften auf dem Erker und über dem Seitenportal.
Erhabene Capitalis.

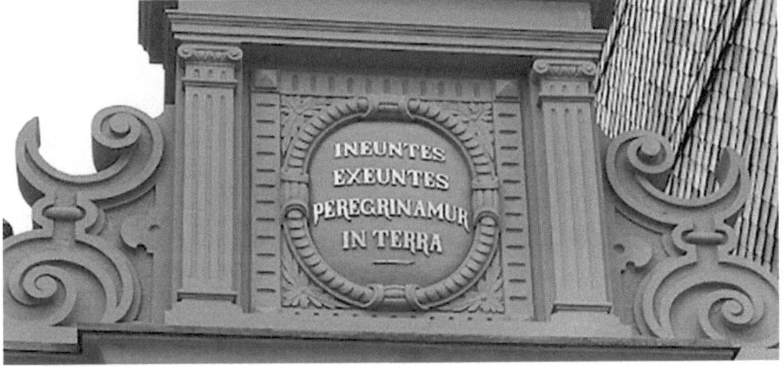

nisi dominus frustra

ineuntes / exeuntes / peregrinamur / in terra

Wenn nicht der Herr (das Haus erbaut, arbeiten die Bauleute) vergeblich (Psalm 126,1a Vulgata = 127,1a Luther).

Hineingehend und herausgehend sind wir Fremde (Pilger) auf der Erde.

Lit.: Tettau 1890, S. 336–337; Schauerte 1884 ([2]1900) (wie #8), S. 49 (vermutet eine Bezugnahme auf Psalm 126[127],1b *nisi dominus custodierit*; die Bezugnahme ist aber wohl auf 1a, siehe #40); Festschrift 1956 (wie #8) (nicht zu den Inschriften); Dehio 1998, S. 383 (nicht zur Inschrift).

#11 Anger 7 (Haus zum Güldenen Aron), 1603

Ursprünglich an der Hofseite des Hauses zu den Roten Köpfen (Anger 8), beim Neubau der Fassade von Anger 7 über dessen straßenseitiger Haustür in Stahlträger gefasst.
Stein, erhabene Capitalis, zwischen den Wappen der im Text genannten Familien.

Melchior de Denstad / Melchoris filivs et Mar/tha eivs vxor Matthiae / Schwengenfeldii / consvlis primarii piae / memoriae filia hanc strvctvram fieri / fecervnt anno 1603 / II Maii

Melchior von Denstedt, Sohn des Melchior, und Martha, seine Ehefrau, des Matthias Schwengenfeld, des Oberratsherrn frommen Angedenkens, Tochter, haben dieses Bauwerk errichten lassen im Jahr 1603 am 2. Mai.

Lit.: Tettau 1890, S. 331.

#12 Anger 37 (Haus zum Güldenen Hecht und Großen und Neuen Schiff / Haus Dacheröden), 1557

Inschrift über dem Portal.
Stein, erhabene Capitalis.

psalmus cxii • 1557 / faelix ille dev̄ metvit qvi pectore toto / cvivs delitiae svnt bona ivssa dei • / illivs tratos et qvi nascentur ab illis / caelesti dominvs crede ivvabit ope

Psalmus CXII • 1557
f(a)elix ille deum metuit, qui pectore toto,
    cuius delitiae sunt bona iussa dei.
illius et natos, et qui nascentur ab illis,
    caelesti dominus, crede, iuvabit ope.

Psalm 112 • 1557 Glücklich (ist) jener, der Gott fürchtet mit ganzem Herzen und dessen Freude die guten Gebote Gottes sind. Jenes (Mannes) Kinder und die von jenen geborenen (Kinder) wird der Herr, glaube es, mit himmlischer Hilfe unterstützen.

Psalm 111 Vulgata = 112 Luther. In der Lutherübersetzung von 2017 lautet Psalm 112,1–2: Wohl dem, der den Herrn fürchtet, der große Freude hat an seinen Geboten! Sein Geschlecht wird gewaltig sein im Lande; die Kinder der Frommen werden gesegnet sein.

Lateinisches Epigramm von Philipp Melanchthon (1497–1560), u. a. publiziert in: Melanchthon, Philipp: Epigrammatum libri sex, hg. v. Petrus Vincentius, Wittenberg 1579, S. D1b.

Lit.: Tettau 1890, S. 332 (nicht zur Inschrift); Dehio 1998, S. 379 (nicht zur Inschrift).

#13 Anger 52 (Bartholomäusturm), 1412

Inschrift über dem Fenster.
Stein, erhabene gotische Minuskel.

\+ anno • dn̄i • m° • cccc° • xii° • fe'ia sexta / pr̄xima • post • festū • ascensionis • dn̄i / īcepta • ē• hec structuā • hui'• turris

Anno Domini MCCCCXII feria sexta proxima post festum ascensionis Domini incepta est hec structura huius turris.

Im Jahr des Herrn 1412 am sechsten Wochentag (Freitag) nach dem Fest der Auffahrt des Herrn ist begonnen worden dieses Bauwerk dieses Turmes.

Christi Himmelfahrt ist (inklusiv gerechnet) der 40. Tag nach Ostern, also der Donnerstag 39 Tage nach dem Ostersonntag, der 1412 auf den 3. April julianisch / 12. April gregorianisch fiel; benannt ist also Freitag, der 13.5.1412 julianisch / 22.5.1412 gregorianisch.

Lit.: Tettau 1890, S. 305; Jahr/Lorenz 1915, Nr. 33; Haetge 1932, S. 247; Dehio 1998, S. 361.

#14 Regierungsstraße 64
(Haus zum bunten und neuen Schiffchen), 1484

Giebelseite nach Osten, oben auf Höhe des ersten Gesimses der Straßenseite.
Stein, vertiefte gotische Minuskel.

an°o • dn̄i • 1484 'pleta est

Anno Domini 1484 completa est.

Im Jahr des Herrn 1484 ist (dieses Bauwerk) vollendet worden.

Lit.: Tettau 1890, S. 343 (nicht zur Inschrift); Jahr/Lorenz 1915, Nr. 127; Dehio 1998, S. 390; Misch, Christian: Neue bauhistorische Erkenntnisse zu Erfurter Profanbauten, in: MVGAE 75 (2014), S. 175–238, spez. S. 199.

#15 Regierungsstraße 64c (Haus zum bunten und neuen Schiffchen), Rückgebäude (»Steinhaus«), 1476

Hinterhaus, über dem Portal (Privatgrundstück, Zugang am Hoftor Regierungsstraße 63/64 bei den Bewohnern zu erbitten). Stein, erhabene gotische Minuskel, unter dem Familienwappen Kellner (vgl. #6, #26a).

anno • dn̄i • m° cccc° lxxvi^{to} / edif^{ta} • ē• hec • do' • p • johē• keln

Anno Domini MCCCCLXXVI edificata est hec domus per Johannem Kelnerum.

Im Jahr des Herrn 1476 ist gebaut worden dieses Haus durch Johannes Kellner.

Johannes Kellner (um 1410–1484) ist auch #26a genannt.

Lit.: Tettau 1890, S. 342; Jahr/Lorenz 1915, Nr. 115; Misch 2014 (wie #14), S. 202; Dehio 1998, S. 390.

#16 Regierungsstraße 74 (Wigbertikirche), 1409

Turm, Südseite.
Stein, vertiefte gotische Minuskel.

anno dn̄i • m° • cccc° • ix° • in • die • / gregorii • īcepta • ē • h̄ • structuā • tr'

Anno Domini MCCCCIX in die Gregorii incepta est hec structura turris.

Im Jahr des Herrn 1409 am Tag des (Hl.) Gregor ist begonnen worden dieses Bauwerk des Turms.

Der Tag des Hl. Gregor ist der 12. März. Der 12.3.1409 julianisch entspricht dem 21.3.1409 gregorianisch.

Lit.: Tettau 1890, S. 241; Jahr/Lorenz 1915, Nr. 30; Dehio 1998, S. 349 (nicht zur Inschrift).

#17 Regierungsstraße 74 (Wigbertikirche), 1434

Langhaus Südseite, südwestlicher Strebepfeiler.
Stein, erhabene gotische Minuskel.

a° dn̄i m° cccc° xxxiiii° / sab̄to p' ascēsioīs īcepta / est hec structura

Anno Domini MCCCCXXXIIII sabato post ascensionis (diem) incepta est hec structura.

Im Jahr des Herrn 1434 am Samstag nach dem (Tag der) Auffahrt ist dieses Bauwerk begonnen worden.

Christi Himmelfahrt ist (inklusiv gerechnet) der 40. Tag nach Ostern, also der Donnerstag 39 Tage nach dem Ostersonntag, der 1412 auf den 28. März julianisch / 6. April gregorianisch fiel; benannt ist also Samstag, 8.5.1434 julianisch / 17.5.1412 gregorianisch.

Lit.: Tettau 1890, S. 241; Jahr/Lorenz 1915, Nr. 45; Dehio 1998, S. 349 (nicht zur Inschrift).

#18 Regierungsstraße 74 (Wigbertikirche), 1472

Chor, Südseite, am zweiten Strebepfeiler unten.
Stein, erhabene gotische Minuskel.

an̄o dn̄i m° cccc° lxxii / qr̄ta p' urbāi īcepta / est hec structūa h' chori

Anno Domini MCCCCLXXII quarta post Urbani incepta est hec structura huius chori.

Im Jahr des Herrn 1472 am vierten Tag (Donnerstag) nach (dem Tag des Hl.) Urbanus ist begonnen worden dieses Bauwerk dieses Chores.

Der Tag des Hl. Urbanus ist der 25. Mai. Der 25.5.1472 julianisch entspricht dem 3.6.1472 gregorianisch, der bezeichnete Tag liegt 4 Tage danach.

Lit.: Tettau 1890, S. 241; Jahr/Lorenz 1915, Nr. 101; Dehio 1998, S. 349 (nicht zur Inschrift).

#19 Regierungsstraße 74 (Wigbertikirche), 1473

Wigbertikirche, Chor, am zweiten Strebepfeiler oben. Stein, vertiefte gotische Minuskel.

an̄o dn̄i m° cccc° lxxiii° / vīª jacobi completa e(st) / hec structūa h' chori

Anno Domini MCCCCLXXIII vigilia Jacobi completa est hec structura huius chori.

Im Jahr des Herrn 1473 an den Vigilien (am Vorabend vor dem Tag) des (Hl.) Jakob ist vollendet worden dieses Bauwerk dieses Chores.

Der Tag des Hl. Jakob ist der 25. Juli. Der hier benannte Vorabend ist also 24.7.1473 julianisch / 2.8.1473 gregorianisch.

Lit.: Tettau 1890, S. 241; nicht in Jahr/Lorenz 1915; Dehio 1998, S. 349 (nicht zur Inschrift).

#20 Regierungsstraße 74 (Wigbertihof), 1680 und 1695

Wigbertikloster, heute Wigbertihof (Zugang zu den Öffnungszeiten dieser städtischen Grünanlage über die Barfüßerstraße). Zwei Inschriften im Südostwinkel im verglasten Neubau, die erste am Gebäude, die zweite an der Außenwand der Kirche (beide sind durch das Glas von außen sichtbar; direkter Zugang beim Seniorentreff Wigbertihof zu erbitten).
Stein, vertiefte bzw. erhabene Capitalis.

1680 / hîc est incoep/tvm

1695 / hîc est finitvm / hoc monaste/rivm

1680. hic est incoeptum.
1695. hic est finitum hoc monasterium.

1680. Hier ist (es) begonnen worden.
1695. Hier ist beendet worden dieses Kloster.

Lit.: Tettau 1890, S. 242; Dehio 1998, S. 350 (nicht zur Inschrift).

#21 Allerheiligenstraße 6 (Haus zur Windmühle), 1565

Innenseite der Hofmauer (Zugang über Turniergasse 18 bei der dort ansässigen Städtischen Musikschule zu erbitten).
Stein, erhabene Capitalis.

anno • dn̄i • 1565 • / mens: sep: faciebat • / Philippvs • Ivnger • / Oscha • i • v • d

Anno Domini 1565 mense Septembri faciebat Philippus Iunger Oscha(tziensis?), iuris utriusque doctor.

Im Jahr des Herrn 1565 im Monat September hat (dies) gemacht Philippus Junger aus Oscha(tz?), Doktor beider Rechte.

Lit.: Tettau 1890, S. 330 (nicht zur Inschrift); Dehio 1998, S. 377 (nicht zur Inschrift).

#22 Allerheiligenstraße 8 (Haus zum Güldenen Sternberg), 1521

Über einem Erdgeschoss-Fenster auf der Hofseite 1521 (Privatgrundstück, Zugang bei dem dort ansässigen Christophorus-Werk zu erbitten).
Stein, erhabene gotische Minuskel.

1521 / Joanes Hoffman p(ro)curator / causarum forensium

1521. Johannes Hoffmann, Verwalter von Gerichtsfällen.

Lit.: Tettau 1890, S. 330–331 (nicht zur Inschrift); nicht in Jahr/Lorenz 1915; Dehio 1998, S. 377 (nicht zur Inschrift).

#23 Allerheiligenstraße 9 (Haus zum Güldenen Stern), 1548

Inschrift über dem Portal.
Stein, erhabene Capitalis.

collegivm • novvm • saxonvm + anno • domini • 15 • 48

Collegium novum Saxonum. Anno Domini 1548.

Neues Collegium der Sachsen. Im Jahr des Herrn 1548.

Lit.: Jahr/Lorenz 1915, Nr. 226.

#24 Allerheiligenstraße 10 (Evangelisches Vereinshaus), 1521

Haus zum Gänse- und Schweinsfuß, später Collegium Saxonicum, nach dessen Abbruch am Evangelischen Vereinshaus links über dem Portal eingelassen.
Stein, erhabene gotische Minuskel.

collegium novū saxonū• fundatū • / per clarissimū virū • D Tilomanum • / Brandes • j • u • doctorē• an̄o salut' 1521

Collegium novum Saxonum fundatum per clarissimum virum D. Tilomanum Brandes, iuris utriusque doctorem, anno salutis 1521.

Neues Collegium der Sachsen, gegründet durch den hochberühmten Herrn D. Tilmann Brandes, Doktor beider Rechte, im Jahr des Heils 1521.

Tilmann Brandes (auch Brandis), aus Hildesheim stammender Gelehrter (um 1445–1524).

Lit.: Tettau 1890, S. 321; Jahr/Lorenz 1915, Nr. 182.

#24a Andreasstraße 14 (Andreaskirche), 1508

Südportal, links, auf dem Kopf stehend eingebaut.
Stein, vertiefte gotische Minuskel, schlecht erhalten.

An̄o dn̄i MDVIII [... / ... / ...]

Im Jahr des Herrn 1508 [...]

Nicht in Jahr/Lorenz 1915; Dehio 1998, S. 321 (nicht zur Inschrift).

#25 Augustinerstraße 10 (Augustinerkirche), 1432

Turm, Nordseite in der Höhe des Daches.
Stein, erhabene gotische Minuskel.

a° d' m° cccc° xxxii° ii° *(oder: v°)* īceptū'

Anno Domini MCCCCXXXII *(oder: MCCCCXXXV)* inceptum.

Im Jahr des Herrn 1432 *(oder: 1435)* begonnen.

Lit.: Tettau 1890, S. 191 (liest nach Archivalien 1435); Jahr/Lorenz 1915, Nr. 46 (1435); Haetge 1931, S. 92 (1432); Dehio 1998, S. 324 (nicht zur Inschrift).

#26 Augustinerstraße 17 (Nikolaiturm), 1361

Gedenkstein mit der reliefplastischen Darstellung der Kreuzigung, am Fuß des Kreuzes des Stifters mit seiner Gemahlin.
Am Turmeingang in die Wand eingelassen, stark beschädigt, daher Lesung nach Archivalien ergänzt.
Stein, vertiefte gotische Majuskel auf dem Rahmen.

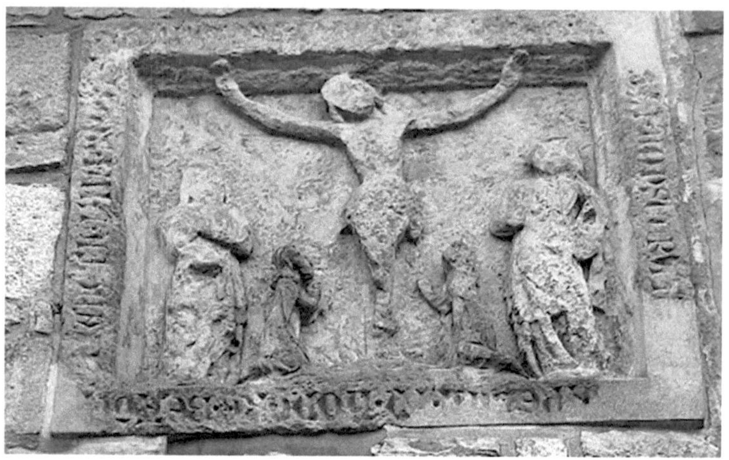

[+ anno dn̄i mccclxi … •] consecrat [• ē• ec • c]apella • in • honorē • beate [Eliz]abeth • fili[e • regis +]

Anno Domini MCCCLXI … consecrata est hec capella in honorem beate Elizabeth filie regis.

Im Jahr des Herrn 1361 … ist geweiht worden diese Kapelle zu Ehren der seligen Elisabeth, Tochter des Königs.

Lit.: Tettau 1890, S. 302; Jahr/Lorenz 1915, Nr. 17; Dehio 1998, S. 362.

#26a Furtmühlgasse 2 (Furtmühle), 1470

Auf der Wasserseite des Hauses in der westlichen Futtermauer südlich des Mühlengangs, hinter Gestrüpp sichtbar von der Straßenecke Kreuzsand/Studentengasse.
Stein, vertiefte gotische Minuskel.

a d m° cccc° lxx° p̄ lohē Kelln̄

Anno Domini MCCCCLXX per Iohannem Kellnerum.

Im Jahr des Herrn 1470 (errichtet) durch Johannes Kellner.

Johannes Kellner (um 1410–1484) ist auch #15 genannt.

Nicht in Jahr/Lorenz 1915 (vgl. aber ebd. Nr. 97).

#27 Georgsgasse (Georgsturm), 1380

Über der Turmtür.
Stein, vertiefte gotische Minuskel, stark beschädigt, daher Lesung nach Archivalien.

+ an[no dn̄i mccclxxx] sexta / fer[ia paschatos incepta est hec] tur(ris)

Im Jahr des Herrn 1380 am sechsten Wochentag (Freitag) nach Ostern ist begonnen worden dieser Turm.

Der Ostersonntag 1380 fiel auf den 25. März julianisch / 2. April gregorianisch. Benannt ist also der darauffolgende Freitag, 29.3.1380 julianisch / 7.4.1380 gregorianisch.

Lit.: Tettau 1890, S. 309; Jahr/Lorenz 1915, Nr. 20; Haetge 1932, S. 282; Dehio 1998, S. 362.

#28 Michaelisstraße 11 (Michaeliskirche), 1500

Über der Tür der Dreifaltigkeitskapelle.
Stein (unten beschädigt), erhabene gotische Minuskel.

anno dn̄i m° ccccc • / ad laudē & gloriā sc̄tissime / trinitat' ac glo'iosissīe vi'gis marie reuerēd' ī xpō pr̄ & d' / dn̄s Johānes dei grā epūs ec/clīe sydoniēsis reverēdissī ī / xpō prīs & dn̄i dn̄i Bertoldi / archip̄ sedis Mogūtini ī pōti/ficalib' vīc h' ēclie scī michahelis / hāc capellā o'dinavit & ī / [suis impensis erigi curavit]

Anno Domini MCCCCC ad laudem et gloriam sanctissimae trinitatis ac gloriosissimae virginis Mariae Reverendus et in Christo pater dominus Johannes dei gratia episcopus ecclesiae Sydoniensis, reverendissimi in Christo patris et Domini, Domini Bertholdi archiepiscopi sedis Moguntini in pontificalibus vicarius huius ecclesiae sancti Michaelis hanc capellam ordinavit et in suis impensis erigi curavit.

Im Jahr des Herrn 1500 zu Lob und Ruhm der heiligsten Dreifaltigkeit und der ruhmreichsten Jungfrau Maria hat der verehrungswürdige Vater in Christus, Herr Johannes, durch Gottes Gnade Bischof der Kirche von Sidon, des verehrungswürdigsten Vaters und Herrn in Christus, des Herrn Berthold, des Erzbischofs des Mainzer Stuhls, bei pontifikalen Aufgaben Stellvertreter, dieser Kirche des Hl. Michael diese Kapelle in Auftrag gegeben und auf seine Kosten errichten lassen.

Johannes Bonemilch aus Laasphe (um 1434–1510) war Universitätsprofessor und Weihbischof im Erzbistum Mainz mit Sitz in Erfurt sowie Titularbischof von Sidon. Berthold von Henneberg (1441/1442–1504) war seit 1484 Erzbischof von Kurmainz.

Lit.: Tettau 1890, S. 226 (danach die Ergänzung der letzten Zeile); Jahr/Lorenz 1915, Nr. 156; Haetge 1932, S. 499; Dehio 1998, S. 334 (nicht zur Inschrift).

#29 Michaelisstraße 39 (Collegium Maius), um 1520

Inschrift über dem Hauptportal des 2011 nach Kriegszerstörung neu errichteten Collegium Maius.
Stein, erhabene gotische Minuskel.

Oculis uiator quā uides stupētib' / Res mira dictu foecit h^{c} se ipsā dom' / Titulū p̄hennē uera scripsit glo'ia / Aeternitas dicauit. Oēs gratiae / Faūlant' intus & nouē pedissequae / Regina rem possidet Sapientia / Fortuā nescit his boīs auctā domū / I nūc uiator ista mirare ut lubet.

Heus tu quo p̄peras uiator: Audi / Author sum dom' artiū bonar' / Morū fida parēs: Magistra uitae / Virtutū via: Gloriosa magni / Sectatrix Acadaemiae platonis: / Foelices facio bonis rependo / Coelū pro meritis: An hoc viator / Tanti non erat ut rogare uelles.

Oculis, viator, quam vides stupentibus,
Res mira dictu, foecit haec se ipsam domus.
Titulum perhennem vera scripsit gloria.
Aeternitas dicavit. Omnes Gratiae
Famulantur intus et novem Pedissequae
Regina rerum possidet Sapientia.
Fortuna nescit his bonis auctam domum.
I nunc, viator, ista mirare, ut lubet.

Heus tu, quo properas, viator? Audi.
Auctor sum domus artium bonarum,
Morum fida parens, magistra vitae,
virtutum via, gloriosa magni
Sectatrix academiae Platonis.
Foelices facio. Bonis rependo
Coelum pro meritis. An hoc, viator,
Tanti non erat, ut rogare velles?

Wanderer, das Haus, das du mit staunenden Augen betrachtest – eine wunderbare Sache zu sagen! –, dieses Haus hat sich selbst erbaut. Wahre Herrlichkeit schrieb die unvergängliche Inschrift. Die Unsterblichkeit hat sie geweiht. Alle Grazien und die neun Mägde (also Musen, s. #7, #30) dienen ihr in ihrem Inneren. Die Königin von allem, die Weisheit, wohnt hier. Fortuna kennt kein (anderes) Haus, das mit so großen Gütern ausgestattet ist. Geh nun, Wanderer, und bestaune diese Dinge nach Herzenslust.

He du, Wanderer, wohin eilst du denn? Hör zu! Ich, das Haus vor dir, bin die Urheberin der freien Künste, treue Mutter der guten Sitten, Lehrerin des Lebens, Weg der Tugenden, ruhmreiche Anhängerin der Akademie des großen Platon. Ich mache glücklich. Zur Belohnung für gute Verdienste gewähre ich den Himmel. Ist das nicht wichtig genug, Wanderer, dass du danach fragen möchtest?

Autor: Helius Eobanus Hessus (1488–1540).

Lit.: Tettau 1890, S. 320; Jahr/Lorenz 1915, Nr. 178; Dehio 1998, S. 370 (nicht zur Inschrift); Vredefeld, Harry: The Poetic Works of Helius Eobanus Hessus, Bd. 3 (Renaissance Studies of America, Text and Studies 1), Leiden 2004, S. 73–81.

#30 Michaelisstraße 39 (ehem. Mainzerhofstraße 11, Boineburgsche Bibliothek), 1723

Aus dem 1899 abgebrannten Collegium Juris Marianum in der Mainzerhofstraße 11 (seit 1723 Boineburgsche Bibliothek), verlegt in das Rückgebäude der Michaelisstraße 39, Eingang Studentengasse, dort hinter einer Glasfassade gut zu sehen (direkter Zugang zu den Bürozeiten der Verwaltung der Evangelischen Kirche Mitteldeutschlands zu erbitten).
Stein, vertiefte Capitalis.

Ioannes Philippvs / patrvvs / feliciter redvxit et mvniit vrbem / Lotharivs Franciscvs / nepos / legibvs conservat et avget / vterqve magnvs et maximvs / qvos in S. R. Imperii electorvm catalogo / veneratvr imperivm. / Vrbem specta et leges lege / eximia vbiq' monvmenta prvdent' et providenti' / vtriq' adstitit fidele ministerivm / par nobilissimvm / pater et filivs / Ioannes Christianvs l. b. Philippvs Wilhelmvs / com(es) a Boinebvrg / vterq' inter consiliorvm medi(ta)menta / vti stvdia et labores / ita collecta vndiqve librorvm volvmina / cvm insigni dote / vsvi pvblico sacravit / fovente et lavdatos conatvs clementer ivvante / eminentissimo electore / Lothario Francisco / qvi / e / dirvta ivris schola / sacratvm hoc mvsarvm Palativm / magnis svmptibvs erexit et Bibliothecae Boinebvrgicae / dicavit / anno o. r. mdccxxiii [20. Decem.]

Ioannes Philippus patruus feliciter reduxit et muniit urbem, Lotharius Franciscus nepos legibus conservat et auget. uterque magnus et maximus quos in s(acri) R(omani) imperii electorum catalogo veneratur imperium. urbem specta et leges lege eximia ubique monumenta prudentiae et providentiae. utrique adstitit fidele ministerium par nobilissimum pater et filius Ioannes Christianus l(iber) b(aro) Philippus Wilhelmus comes a Boineburg uterque inter consiliorum meditamenta. uti studia et labores ita collecta undique librorum volumina cum insigni dote usui publico sacravit fovente et laudatos conatus clementer iuvante eminentissimo electore Lothario Francisco qui diruta iuris schola sacratum hoc musarum Palatium magnis sumptibus erexit et Bibliothecae Boineburgicae dicavit anno or(bis) MDCCXXIII 20. Decem.

Johannes Philippus, der Onkel, hat mit Glück die Stadt wiedergewonnen und befestigt, Lothar Franz, der Neffe, bewahrt sie mit Gesetzen und mehrt sie. Beide sind groß und übergroß, die in des Heiligen Römischen Reichs Verzeichnis der Kurfürsten das Reich verehrt. Sieh die Stadt und lies die Gesetze: Überall (siehst du) herausragende Monumente der Klugheit und Vorsorge. Beiden stand bei der treue Dienst, ebenso höchst berühmt, Vater und Sohn, Johannes Christian, Freiherr, Philipp Wilhelm, Graf zu Boineburg, beide bei den Ratschlüssen der Berater. So wie Studien und Arbeiten haben sie auch die von überallher gesammelten Bände von Büchern mit ausgezeichneter Gabe dem öffentlichen Nutzen geweiht, wobei wohlwollend und gnädig den Besagten zu helfen suchte der eminenteste Kurfürst Lothar Franz, der aus der zerstörten Schule des Rechts diesen geheiligten Palast der Musen (s. #7, #29) mit großen Ausgaben errichtete und der Boineburgschen Bibliothek widmete, im Jahr der Welterlösung 1723 [am 20. Dezember].

Genannte Personen: Johann Philipp von Schönborn (1605–1673) und sein Neffe Lothar Franz von Schönborn (1655–1729; vgl. #35), Kurfürsten und Erzbischöfe von Mainz; Johann Christian von Boineburg (1622–1672) und sein Sohn Philipp Wilhelm von Boineburg (1656–1717), kurmainzische Statthalter in Erfurt.

Lit.: Hartung 1861, 124 (nur dort die Datierung auf den 20.12.); Kortüm, Albert: Mittheilungen über die Bibliotheca Boineburgica zu Erfurt, in: MVGAE 22 (1901), S. 45–52 und Taf. I–II; Dehio 1998, S. 370 (nicht zur Inschrift); Paasch, Kathrin: Die Bibliothek des Johann Christian von Boineburg (Berliner Arbeiten zur Bibliothekswissenschaft 16), Berlin 2005 (nicht zur Inschrift).

#31 Moritzstraße 12a (Große Ackerhofsgasse 13), Kornhofspeicher, 1467

Ostgiebel an der Moritzstraße.
Stein, erhabene gotische Minuskel.

anno dn̄i m° cccc° lxvii° / cōpleta est hec dom'

Anno Domini MCCCCLXVII completa est hec domus.

Im Jahr des Herrn 1467 ist vollendet worden dieses Haus.

Lit.: Tettau 1890, S. 322; Jahr/Lorenz 1915, Nr. 92; Dehio 1998, S. 370 (nicht zur Inschrift).

#32 Moritzstraße 19b (Turm), 1411

Bau-Inschrift aus einem seither abgebrochenen Turm, vielleicht dem Moritzwallturm (so Tettau 1890) oder dem Turm der Moritzkirche (so Jahr/Lorenz 1915), heute in der Hausdurchfahrt Moritzstraße 19b, zuvor u. a. im Haus Moritzgasse 29 eingemauert.
Stein, erhabene gotische Minuskel.

anno dn̄i m • cccc [• x] / pm̄o • iiii • kln • iulii • in/cepta • est • structura • hui' / [tu]rris

Anno Domini MCCCCX primo IIII Kalendis Iulii incepta est structura huius turris.

Im Jahr des Herrn 1411 am 4. Tag vor den Kalenden des Juli ist begonnen worden das Bauwerk dieses Turms.

Der (bei inklusiver Rechnung) vierte Tag vor den Kalenden (= vor dem ersten Tag) des Juli 1411 ist der 28.6.1411 julianisch / 7.7.1411 gregorianisch.

Lit.: Tettau 1890, S. 324; Jahr/Lorenz 1915, Nr. 147.

#33 Brühler Straße 55 (Martinikirche), 1758

St. Martini extra muros, Chronogramm in einer Kartusche über dem (straßenseitigen) Südportal.
Stein, vertiefte Capitalis.

LaVs et perennIs gLorIa
sIt VsqVeqVaqVe aLtIssIMo
In haC rVrsVs eCCLesIa
per pLVra VIgens saeCVLa

Laus et perennis gloria
sit usquequaque altissimo
in hac rursus ecclesia
per plura vigens saecula.

Lob und ewiger Ruhm
sei allüberall dem Höchsten,
(und zwar) ein in dieser Kirche wieder
durch viele Jahrhunderte gedeihender (Ruhm).

Chronogramm, die großen Buchstaben sind römische Zahlen:
M 1000 / CCCC 400 / LLLLLL 300 / VVVVVVVVVV 50 / IIIIIIII 8.
So ergibt sich die Datierung der Wiederherstellung der Kirche auf 1758.

Lit.: Tettau 1890, S. 248 (nicht zur Inschrift); Haetge 1932, S. 456; Dehio 1998, S. 333 (nicht zur Inschrift).

#34 Mainzerhofstraße 4 (Hausinschrift), 1558

Inschrift unbekannter Herkunft, heute eingelassen in den straßenseitigen Sockel des Hauses Mainzerhofstraße 4.
Stein, erhabene Capitalis.

anno dn̄i 1558 est / erecta hvim̄di strv̄a p̄ / mḡr Michlm Beier C[...] M[...]

Anno Domini 1538 est erecta huiusmodi structura per magistrum Michaelem Beier c[...]m[...]

Im Jahr des Herrn 1558 ist errichtet worden das derartige Bauwerk durch Magister Michael Beier, Kanonikus.

Lesung von Tim Erthel.

#35 Gothaer Platz (Sibyllentürmchen), 1716

Auf dem Platz vor dem Eingang zum EGA-Park.
Stein, die lateinische Schrift in vertiefter Capitalis.

hoc monumentum / antiquae religionis chri/stianae vetustate / temporum corrosum / hominumque incuria ne/glectum eminentissim(us) / archipraesul noster / Lotharius Franciscus / restaurari curavit / ut futuris saeculis / patescat observantia / primitivae ecclesiae / circa cultum. / [ai] anno domini / mdccxvi.

Dieses Monument der alten christlichen Religion, das durch das Alter der Zeit verzehrt und durch die Unachtsamkeit der Menschen vernachlässigt war, hat unser hervorragendster Kurfürst, Lothar Franz, wiederherstellen lassen, damit offenbar sei künftigen Jahrhunderten die Andacht der ursprünglichen Kirche im Kult, im Jahr des Herrn 1716.

Freie deutsche Übersetzung auf der benachbarten Platte:

Lothar Franz von Schönborn (1655–1729), Kurfürst und Erzbischof von Mainz seit 1695 (vgl. #30).

Lit.: Tettau 1890, S. 325–326; Loth, Richard: Die Steinkreuze in der Umgegend von Erfurt, in: MVGAE 18 (1896), S. 71–90, spez. S. 81–82; Dehio 1998, S. 394 (nicht zur Inschrift).

#36 Herrmannsplatz 16 (Rosswehr), 1374

Rosswehr am Einfluss der Gera in die Stadt, an der rekonstruierten Stadtmauer.
Stein (Kopie von 2002), vertiefte gotische Minuskel, Lesung nach Archivalien.

anno [dn̄i • M •] CCC • L • xxiiii / [fiā • s]exta [• ante •] dn̄i[cā • esto •] / fuerat [• mag]nū [• alluviū] / aquar[um • hujus • terre +]

Anno Domini MCCCLXXIIII feria sexta ante dominicam Estomihi fuerat magnum diluvium aquarum huius terre.

Im Jahr des Herrn 1374 am sechsten Wochentag (Freitag) vor dem Sonntag Estomihi gab es eine große Flut von Wassern dieses Landes.

Die als Gedenkstein neben der Kopie von 2002 angebrachte Tafel bietet irrig *ante dominica*.

Estomihi ist der siebte Sonntag vor dem Ostersonntag, der 1374 auf den 2. April julianisch / 10. April gregorianisch fiel. Benannt ist also der Freitag vor dem 12. Februar julianisch / 20. Februar greogorianisch, mithin der 10.2.1374 julianisch / 18.2.1374 gregorianisch.

Lit.: Jahr/Lorenz 1915, Nr. 19; Dehio 1998, S. 363 (nicht zur Inschrift).

#37 Hugo-Preuß-Platz 1 (Bundesarbeitsgericht), 1999

Zwei Bänke im Garten des Bundesarbeitsgerichts, Kunst am Bau 1999 von Ian Hamilton Finlay (1925–2006).
Stein, vertiefte Capitalis.

sterilisque diu palus aptaque remis
vicinas urbes alit et grave sentit aratrum

(Übersetzung auf der zweiten Bank: »Da, wo ehemals Ruder die hohen Wellen teilten, da lockert jetzt der Pflug das Land«.)

Horaz, Briefe 2,3 (Ars Poetica), vv. 65–66 (dort aber *sterilisve*); Kontext (vv. 63–69) in der Übersetzung von N. Holzberg (Horaz, Sämtliche Werke, Sammlung Tusculum, Berlin 2018, 617): »Wir und alles Unsrige sind dem Tod verfallen; ob das vom Land aufgenommene Meer Flotten gegen die Nordwinde verteidigt, ein Werk, groß genug für einen König, oder ein früher unfruchtbarer und für Ruder geeigneter Sumpf die benachbarten Städte ernährt und den schweren Pflug zu spüren bekommt oder ein Strom seinen für Feldfrüchte verderblichen Lauf geändert hat, nachdem man ihn einen besseren Lauf gelehrt hatte – die Werke der Sterblichen werden vergehen, und nicht weniger gilt, dass Ruhm und Anmut der Sprache leben und bestehen bleiben.«

Lit.: 60 x Kunst am Bau aus 60 Jahren, hg. vom Bundesministerium für Verkehr, Bau und Stadtentwicklung 2010, S. 136–137.

#38 Martinskloster 3 (Martinskaserne), 1482

Seit Mitte des 19. Jahrhunderts in der Martinskaserne (»Martinskloster«) verbauter Stein, heute in zwei Teile zerbrochen (ein nicht gut erhaltenes Bruchstück an der Nordwestecke des Martinskloster 3 um 90° gegen den Uhrzeigersinn gedreht und außen eingebaut, ein besser erhaltenes innen zugeputzt und damit nicht mehr sichtbar).
Stein, erhabene gotische Minuskel.

an(no) d(omi)ni [m] cccc lxxxii / c(on)pleta est hec structura / in vi[gil]ia s(anc)ti mathei

Im Jahr des Herrn 1482 ist dieses Bauwerk vollendet worden an den Vigilien (am Vorabend vor dem Tag) des (Hl.) Matthäus.

Der Tag des Hl. Matthäus ist der 21. September. Der hier benannte Vorabend ist also 20.9.1482 julianisch / 29.9.1482 gregorianisch.

Lit.: Nicht in Jahr/Lorenz; Lesung beider Teile durch Christian Misch und Tim Erthel.

#39 Mittelmühlgasse 7 (ehem. Brühler Straße 45b, Mittelmühle), 1908

Hausinschrift am Treppenanbau.
Stein, vertiefte Capitalis.

exstruct mdxv   renov mdcccviii

introeuntibus huc deus / omnipotens benedicat.

exstructum MDXV   renovatum MDCCCCVIII

introeuntibus huc deus omnipotens benedicat.

Erbaut 1515   Renoviert 1908

Den hierherein Eintretenden möge Gott, der allmächtige, seinen Segen erteilen.

#39a Klostergang 2 (Neuwerkskirche St. Crucis), 1731 und 1735

Inschrift über dem Nordportal am Klostergang.
Stein, vertiefte Capitalis.

coepta est haec structura / VIII. Maij MDCCXXXI

absoluta et consecrata / XXV. Septemb. MDCCXXXV

Begonnen worden ist dieses Bauwerk am 8. Mai 1731.

Abgeschlossen und geweiht am 25. September 1735.

Lit.: Tettau 1890, S. 252; Haetge 1932, S. 548; Dehio 1998, S. 335 (nicht zur Inschrift).

#39b Pförtchenstraße 2a (Ecke Schillerstraße, ehem. Steigerstraße 62), 1893

Inschrift über der Haustür Ecke Pförtchenstraße/Schillerstraße. Stuck, erhabene Capitalis.

pax intrantibus /
salus exeuntibus

Friede den Hineingehenden /
Wohlergehen den Herausgehenden

Der Eckeingang zu dem 1886 errichteten Haus wurde 1893 für Dr. Karl Schmidt errichtet, der dort die Steiger-Apotheke betrieb. Darauf verweisen Inschrift und Wappen.

Lit: Menzel, Ruth und Eberhard: Durch Flucht dem Terror entkommen. Wohn- und Geschäftshaus Pförtchenstr. 2a, in: Thüringische Landeszeitung 5.5.2007 (Seite ZA ER4).

#40 Domplatz 31 (Haus zur Hohen Lilie), 1538 / 1769

Inschrift über dem Portal, Medaillons links und rechts der Tür, Vignetten über den Fenstern.
Stein: Inschrift erhabene gotische Minuskel (Jahreszahl aufgemalt), Medaillons vertiefte Capitalis.

nisi • dn̄s• edificaverit / domvm • frvstra / laborat qvi • edifi/cat • eam • ps • CXXVII / • &c • Der • Hohen • Lilgen / A &c / 1538

Nisi dominus edificaverit domum, frustra laborat qui edificat eam. Ps. CXXVII. / Zu der Hohen Lilgen. / Anno etc. 1538

Wenn der Herr nicht das Haus baut, so arbeitet umsonst, der daran baut. Psalm 127. Zur der Hohen Lilie. Im Jahr usw. 1538.

Psalm 126,1a Vulgata = 127,1a Luther.

Medaillons links und rechts der Tür

IHS XPS Salvator Mundi / Paulus Apostolus vas electionis

Jesus Christus, Heiland der Welt / Paulus, Apostel, auserwähltes Werkzeug (Apostelgeschichte 9,15).

Vignetten über den Fenstern

I. C. Hucke / Ano 1769

Lit.: Hartung 1861, 336; Tettau 1890, S. 337–338, Jahr/Lorenz 1915, Nr. 202; Dehio 1998, S. 381 (nicht zur Inschrift).

#41 Lange Brücke 36c (Haus zum Bürgerstreit), »1527«

Am Hoftor neu aufgemalte Inschrift. Moderne Schrift.

A(nno) D(omini) 1527
si deus non aedificat domum / frustra laborant aedificantes

Im Jahr des Herrn 1527.
Wenn der Herr nicht das Haus baut, so arbeiten umsonst, die daran bauen.

Psalm 126,1a Vulgata = 127,1a Luther; vgl.. #10 und #40.

#42 Paulstraße 11 (Paulskirche), 1468

Von der 1736 durch einen Brand zerstörten Paulskirche (von der nur noch der Turm steht), in die Mauer an der Paulstraße eingelassen.
Stein, vertiefte gotische Minuskel.

anno • dn̄i • m • cccc • lxviii • sc̄da / feria • p' • gangolfii • īcepta / est • hec • structura • hui' • eccīe

Anno Domini MCCCCLXVIII secunda feria post Gangolfii incepta est hec structura huius ecclesie.

Im Jahr des Herrn 1468 am zweiten Wochentag (Montag) nach dem Tag des (Hl.) Gangolf ist begonnnen worden dieses Bauwerk dieser Kirche.

Der Tag des Hl. Gangolf ist in Erfurt der 13. Mai. Der 13.5.1468 julianisch entspricht dem 20.5.1468 gregorianisch, einem Freitag; benannt ist also der nächstfolgende Montag, 16.5.1468 julianisch / 25.5.1468 gregorianisch.

Lit.: Tettau 1890, S. 307; Jahr/Lorenz 1915, Nr. 93; Dehio 1998, S. 362 (nicht zur Inschrift).

#43 Predigerstraße 4 (Predigerkirche), 1447

Strebepfeiler des Turmes (Privatgrundstück »Predigerwiese«, Zugang gelegentlich von der Schlösserstraße aus möglich, sonst beim Evangelischen Ratsgymnasium der Evangelischen Schulstiftung zu erbitten).
Stein, erhabene gotische Minuskel.

a° d' m° cccc° xlvii° in/cepta est [structu'a / hui' turris per] / ms̄r̄m laurētiū

Anno Domini MCCCCXLVII incepta est structura huius turris per magistrum Laurentium.

Im Jahr des Herrn 1447 ist begonnen worden das Bauwerk dieses Turmes durch Meister Laurentius.

Lit.: Tettau 1890, S. 149; Jahr/Lorenz 1915, Nr. 60; Dehio 1998, S. 337.

#43a Kartäuserstraße 17 (Kartäuserkirche), 1728

Ehem. Kartäuserkloster St. Salvatorberg, Westfassade, Fries und Giebelfeld.
Aufgemalte Capitalis.

aedifigata / est MDCCXXVIII

Erbaut ist es 1728.

domine / dilexi decorem / domus tvae et locum habi/tationis gloriae tuae Ps. 25,8

Herr, ich habe lieb die Stätte deines Hauses und den Ort, da deine Ehre wohnt. Ps 25,8.

Psalm 25 Vulgata = 26 Luther.

Lit.: Haetge 1932, 338 (liest *Psal. 26 v. 8*; offenbar seither übermalt); Dehio 1998, S. 356 (nicht zur Inschrift).

#44 Futterstraße 2 (Haus zum Rebenstock), 1451

In den Sockel des Hauses zum Rebenstock (Rebstock) eingelassen.
Stein, vertiefte gotische Minuskel.

a d m cccc li ῑcept ē hec / structu'a p̄ ottonē czig/eler

Anno Domini MCCCCLI incepta est hec structura per Ottonem Cziegler.

Im Jahr des Herrn 1451 ist begonnen worden dieses Bauwerk durch Otto Ziegler.

Lit.: Hartung 1861, S. 247; Tettau 1890, S. 338; Jahr/Lorenz 1915, Nr. 69; Dehio 1998, S. 384 (nicht zur Inschrift).

#45 Juri-Gagarin-Ring 135 (Haus zum Lilienfass), 1445

a) Rückgebäude zu Johannesstraße 164 (Privatgrundstück, Zugang über die Pflöckengasse bei den Bewohnern zu erbitten). Stein, erhabene gotische Minuskel; unter einem Wappen.

a° dn̄i m° cccc° xlv° inceptū ē / hoc op' per iohēz huttener

Anno Domini MCCCCXLV inceptum est hoc opus per Johannem Huttener.

b) Giebel zur Pflöckengasse, dort frei zugänglich.
Stein, vertiefte gotische Minuskel.

a° d' m°cccc° xlv incepta ē hec / structura ꝑ iohēz huttener

Anno Domini MCCCCXLV incepta est haec structura per Johannem Huttener.

Im Jahr des Herrn 1445 ist begonnen worden dieses Werk [b) dieses Bauwerk] durch Johannes Huttener.

Lit.: Tettau 1890, S. 164; Jahr/Lorenz 1915, Nr. 55.

#46 Juri-Gagarin-Ring 140 (Hospitalkirche), 1385

Juri-Gagarin-Ring 140 (Hospitalkirche) Langhaus, Südportal 1385 Privatgrundstück (Zugang vom Hospitalplatz aus über das Seniorenpflegeheim »Haus zu den vier Jahreszeiten« der Arbeiterwohlfahrt AWO zu erbitten).
Stein, erhabene gotische Minuskel.

+ anno • dn̄i • m • ccc • lxx/xv • inceptū • est • hoc • sp/itale • in • die • s • marci

Anno Domini MCCCLXXXV inceptum est hoc spitale in die S(ancti) Marci.

Im Jahr des Herrn 1385 ist begonnen worden dieses Hospital am Tag des Hl. Markus.

Der Tag des Hl. Markus ist der 25. April. Der 25.4.1385 julianisch entspricht dem 3.5.1385 gregorianisch.

Lit.: Hartung 1878, 64; Tettau 1890, S. 237; Jahr/Lorenz 1915, Nr. 26; Haetge 1932, S. 291; Dehio 1998, S. 355 (nicht zur Inschrift).

#47 Juri-Gagarin-Ring 140a (Hospital / Volkskundemuseum), 1540

Großes Hospital, Herrenhaus, Südseite über dem Kellereingang (Zugang über das Museum für Thüringische Volkskunde zu erbitten).
Stein, erhabene Capitalis.

anno • a • christo nato • 1540 honestvs • ac • insignis • vir • Iohannes / Rintfleisch • Errfordianae • vrbis • tribvnvs • hac • vita • in • domino • perfv̄c/tvs • est • qvi • dei amore • ad hvivs • domvs • strvctvram • qvam an̄o / servatoris • 1536 • vorax • flamma • consvmserat • qvo • rvrsvs instav/raretvr • avreos • nvmmos • mille • legavit • c' • aīa • in • dn̄o • qviescat • amē.

Anno a Christo nato 1540 honestus ac insignis vir Johannes Rintfleisch Errfordianae urbis tribunus hac vita in domino perfunctus est qui dei amore ad huius domus structuram quam anno servatoris 1536 vorax flamma consumserat quo rursus instauraretur aureos nummos mille legavit, cuius anima in domino quiescat. Amen.

Im Jahr 1540 nach Christi Geburt ist der ehrbare und berühmte Herr Johannes Rintfleisch, der Erfurter Stadt Obervierherr, aus diesem Leben im Herrn geschieden, der durch Gottes Liebe zum Bauwerk dieses Hauses, das im Jahr des Heilands 1536 eine gefräßige Flamme verschlungen hatte, damit es wieder aufgebaut werde, 1000 Goldstücke gestiftet hat, dessen Seele im Herrn ruhe. Amen.

Lit.: Tettau 1890, S. 238; Jahr/Lorenz 1915, Nr. 204; Haetge 1932, S. 293.

#48 Meienbergstraße 5 (Haus zum Roten Schild), 2010

Beispiel für die aufgrund einer – maßgeblich von Hermann H. Saitz (*1936) getragenen – Initiative entlang des innerstädtischen Verlaufs der Via Regia angebrachten Hinweisschilder. Emailliertes Blech, Capitalis.

via regia

Königliche Straße.

Als Via Regia wird eine im Mittelalter und in der frühen Neuzeit wichtige Handelsstraße bezeichnet, die Westen und Osten verband.

Lit.: Raßloff, Steffen: 100 Denkmale in Erfurt. Geschichte und Geschichten, Essen 2013, S. 16–17.

#48a Schottenstraße 11 (Schottenkirche St. Nicolai und Jacobi), 1724

Kartusche über dem Westportal.
Nur selten öffentlich zugänglich.
Stein, vertiefte Capitalis.

aedes haec sacra / a Walthero De Glizb/erg, prop. p. Scotis, MXXXVI / fvndata, S. Ap. Iacobo dica/ta, sed pene diruta, res/taurabatur MDCC/XXIV

Aedes haec sacra a Walthero De Glizberg, proposito pro Scotis, MXXXVI fvndata, Sancto Apostolo Iacobo dicata, sed pene diruta, restaurabatur MDCCXXIV.

Dieses heilige Haus, von Walther von Glitzberg, vorangestellt (Propst) vor die Schotten, 1036 gegründet, dem Hl. Apostel Jacobus geweiht, aber fast zerstört, wurde 1724 wiederhergestellt.

Lit.: Tettau 1890, S. 136 (nicht zur Inschrift); Trott, Elfriede: Die katholischen Kirchen Erfurts, Leipzig und Heiligenstadt 1974, S. 42 (Inschrift unkorrekt wiedergegeben).; Dehio 1998, S. 344 (nicht zur Inschrift).

#49 Arnstädter Chaussee 9, 99096 Erfurt (Steigerkreuz), 1323

Arnstädter Chaussee 9 (Hubertus, ca. 250 m nach Süden, westlich der Straße, 50.939540 N, 11.038390 E), Aufstellungsort wiederholt geändert. Stadtbus 61, Haltestelle »Erfurt, Hubertus«. Stein, vertiefte gotische Majuskel.

hic est occisus ma/gister Henricus / de • Sybeleiben • sacerdos

Hier ist getötet worden Magister Heinrich von Siebeleben, Priester.

Datierung nach Archivalien.

Lit.: Tettau 1890, S. 327–328; Loth 1896 (wie #35), S. 79–80; Störzner, Frank: Aus Stein gehauen ... Die Klein- und Flurdenkmale von Erfurt und seiner Umgebung, Erfurt 1992; Ostritz, Sven (Hg.): Stadt Erfurt (Archäologischer Wanderführer Thüringen 6), Langenweißbach 2005, S. 68–69 Nr. 29.

#49a Dietendorfer Straße 50, 99092 Erfurt (Frienstedt), Sühnekreuz, 1494

im nordöstlichen Straßenwinkel der B7 und der Abzweigung nach Frienstedt, gegenüber Gaststätte Fürstenhof Stadtbus 80, Haltestelle »Erfurt, Wohnpark Frienstedt«.

ano 1494 v *(oder: ii?)* / mensis junij (obi)it / nobilis / armi / volkmar / de glichen / c a r i p

Anno 1494 v *(oder: ii?)* mensis Juni obiit nobilis armiger volkmar de glichen, cuius anima requiescat in pace.

Im Jahr 1494 am 5. *(oder: 2.)* des Monats Juni starb der adlige Waffenträger Volkmar von Gleichen, dessen Seele in Frieden ruhe.

Der 5.6.1494 julianisch entspricht dem 14.6.1494 gregorianisch.

Lit: Loth 1896 (wie #35), S. 80; Störzner 1992 (wie #49), S. 89 (beide lesen *die messis*, statt *v mensis*, doch müsste es dann <u>*in*</u> *die messis*, »am Tag der Ernte«, heißen; eine unscharfe Datierung dieser Art ist zudem sonst nicht belegt).

#50 Marienthalbrücke, 1752

Brücke über die Apfelstädt 1752. Inschrift auf der unterstromseitigen, also flussabwärts (nach Nordosten) gelegenen Sandsteinbrüstung, vom Flussufer aus zu sehen.
Stadtbus 51, Haltestelle »Marienthal (Erfurt)«.
Stein, vertiefte Capitalis.

in • commodum • publicum • / et • vsum • liberum • / exstrup • curavit • / Gustavus Adolphus • / S. R. I. C. de Gotter • / anno • mdcclii •

In commodum publicum et usum liberum exstrui curavit Gustavus Adolphus, Sacri Romani Imperii Comes de Gotter, anno MDCCLII.

Dass zur öffentlichen Bequemlichkeit und zum freien Gebrauch (diese Brücke) gebaut wird, hat besorgt Gustav Adolph, Graf des Heiligen Römischen Reichs, von Gotter, im Jahr 1752.

Gustav Adolph Gotter (1692–1762, seit 1740 Reichsgraf von Gotter) erwarb nach dem Tod von Otto Christoph Schulze (s. #8a) und seiner Ehefrau 1734 Schloss Molsdorf.

Lit.: Manns, Dieter: Apfelstädtbrücke im Marienthal, in: Steinbrücken in Deutschland, Bd. II, hg. v. Bundesministerium für Verkehr, Bau- und Wohnungswesen, Erkrath 1999, 383–386 (Inschrift dort unvollständig übersetzt); Dehio 1998, S. 827 (nicht zur Inschrift).

#51 Schlossplatz 6, 99094 Erfurt (Schloss Molsdorf und sog. Bauernstein), 1738

Schloss Molsdorf.
Stadtbus 51, Haltestelle »Erfurt, (Schloss) Molsdorf«.

Nordseite, Hauptportal, Schlussstein
Stein, vertiefte Capitalis.

hicce terrarvm / mihi praeter omnes angvlvs / ridet / Gustav(vs) Adolphvs S(acri) R(omani) I(mperii) C(omes) / de / Gotter / anno rep(aratae) sal(vtis) 1738

Hier auf Erden lacht mir der Winkel vor allen anderen zu. Gustav Adolph, Graf des Heiligen Römischen Reichs, von Gotter, im Jahr des vollbrachten Heils 1738.

Horaz, Oden 2,6,13–14:
ille terrarum mihi praeter omnes / angulus ridet.
Auf Erden lacht mir jener Winkel vor allen / anderen zu.

Südseite, Inschrift unter dem Wappen (von unten nicht sichtbar; Hinweis und Photo von Kai Uwe Schierz)
Stuck, erhabene Capitalis.

placida quies
Sanfte Ruhe.

Vergil, Aeneis 1,691–692:
at Venus Ascanio placidam per membra quietem / inrigat.
Doch Venus gießt dem Ascanius sanfte Ruhe über die Glieder.

Südseite, Sonnenuhren
Stuck, erhabene Capitalis.

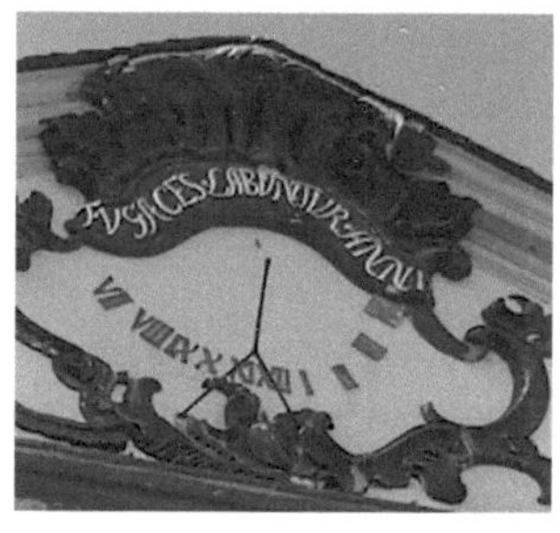

fvgaces labvntur anni
Flüchtig gleiten die Jahre dahin.

hora rapit diem
Die Stunde reißt den Tag fort.

Horaz, Oden 2,14,1–2:
Eheu fugaces, Postume, Postume, / labuntur anni.
Wehe, flüchtig, Postumus, Postumus, gleiten die Jahre dahin

Horaz, Oden 4,7,7–8:
immortalia ne speres, monet annus et almum / quae rapit hora diem.
Dass du nicht auf Unsterbliches hoffst, mahnen das Jahr und die Stunde, die den nährenden Tag fortreißt.

Sogenannter Bauernstein

Einst auf einem Acker, den ein Bauer nicht verkaufen wollte; heute im Park des Schlosses bei dem schmiedeeisernen Tor an der Westfront der Parkmauer.
Stein, vertiefte Capitalis.

monvmentv[m] / rvsticae / [p]ertinacitatis

Denkmal bäuerlicher Starrsinnigkeit.

Lit.: Lehfeldt, Paul: Bau- und Kunstdenkmäler Thüringens, Heft 8: Herzogtum Sachsen-Coburg und Gotha, Amtgerichtsbezirk Gotha, Jena 1891, S. 155 (zum sog. Bauernstein); von Gotschall, Rudolf: Deutsche Originalcharaktere des achtzehnten Jahrhunderts. Graf Gustav Adolf von Gotter, in: Die Gartenlaube 22 (1899), S. 680–683 (nennt weitere, seither verlorene lateinische Inschriften); Störzner 1992 (wie #50a), 185 (zum sog. Bauernstein); Dehio 1998, S. 824–827 (zum Schloss).

#52 Flughafenstraße 83, 99092 Erfurt (Bindersleben), Lukaskirche, 1491

Turm, Inschrift aus dem Vorgängerbau.
Stadtbus 91 und 92, Haltestelle »Erfurt, Große Schenkgasse«.
Stein, erhabene gotische Minuskel.

an̄o dn̄i m° cccc° xci° ī die sc̄r crucis / invencionis īcepta ē hec structura

Anno Domini MCCCXCI in die sacrae crucis invencionis incepta est hec structura.

Im Jahr des Herrn 1491 am Tag der Auffindung des heiligen Kreuzes ist dieses Bauwerk begonnen worden.

Der Tag der Kreuzauffindung ist der 3. Mai. Der 3.5.1491 julianisch entspricht dem 12.5.1491 gregorianisch.

Lit: Tettau 1890, S. 371 (nicht zur Inschrift); Dehio 1998, S. 136.

#53 Kirchplatz 1, 99098 Erfurt (Kerspleben), Heilig-Geist-Kirche, 1456

Turm, unter dem Relief einer Kreuzigungsgruppe.
Stadtbus 43 und 141, Haltestelle »Erfurt, Kerspleben«.
Stein, erhabene gotische Minuskel.

a d' m° cccclvi[°] ı̄cepta / ē h^{c} stṝtura h' turris • / feria tercia p' dōnicā iudica
danach Zeichen: Drache, Schlüssel, Lanzenspitze, Schädel, gekreuzte Gebeine.

Anno Domini MCCCCLVI incepta est hec structura huius turris feria tercia post dominicam Iudica.

Im Jahr des Herrn 1456 ist begonnen dieser Bau dieses Turmes am dritten Wochentag (Dienstag) nach dem Sonntag Judica.

Der Sonntag Judica ist der fünfte Sonntag der Passions- und Fastenzeit, zwei Wochen vor Ostern. 1456 fiel Ostern auf den 28.3. julianisch / 6.4. gregorianisch, Judica also auf den 14.3. julianisch / 23.3. gregorianisch, der dann folgende Dienstag ist mithin der 16.3.1456 julianisch / 23.3.1456 gregorianisch.

Lit: Lehfeldt, Paul: Bau- und Kunstdenkmäler Thüringens, Heft 16: Großherzogtum Sachsen – Weimar – Eisenach, Bd. I: Verwaltungsbezirk Weimar, Amtsgerichtsbezirke Grossrudestedt und Vieselbach, Jena 1892, S. 61–62; Dehio 1998, S. 690.

Anhang

Weiterführende Literatur (Auswahl)

Becker, Karl u. a. (Bearb.): Die Stadt Erfurt (Die Kunstdenkmale der Provinz Sachsen, Bd. I), Burg 1929

Dehio, Georg – Eißing, Stephanie / Jäger, Franz u. a. (Bearb.): Thüringen (Handbuch der deutschen Kunstdenkmäler), Berlin 1998 (Neubearbeitung für 2024 angekündigt)

Denkmalliste Erfurt (4.11.2022) https://www.erfurt.de/mam/ef/rathaus/buergerservice/doc/denkmalliste_der_stadt_erfurt.pdf

Grotefend, Hermann: Zeitrechnung des deutschen Mittelalters und der Neuzeit, Bd. 2, Hannover 1998 (S. 38–42 zu Erfurt)

Haetge, Ernst u. a. (Bearb.): Die Stadt Erfurt (Die Kunstdenkmale der Provinz Sachsen, Bd. II 1 und 2), Burg 1931 und 1932

Hartung, Bernhard: Die Häuser-Chronik der Stadt Erfurt, geschöpft aus den Archiven und der Magistratsbibliothek, Acten und sonstigen authentischen Quellen, 2 Bde., Erfurt 1861–1878

Jahr, Richard / Lorenz, Wilhelm: Die Erfurter Inschriften (bis zum Jahre 1550), in: MVGAE (= Mitteilungen des Vereins für die Geschichte und Altertumskunde von Erfurt) 36 (1915), S. 1–180, hier II. Teil S. 136–176: Inschriften an Bauwerken, an Werken der Plastik, der Malerei und des Kunstgewerbes.

Raßloff, Steffen: Geschichte der Stadt Erfurt, Erfurt 2012

Rollert, Otto: Einwohner, Häuser und Gärten vom Ende des 16. Jahrhunderts bis Mitte des 19. Jahrhunderts, Manuskript Erfurt o. J. (Stadtarchiv Erfurt, Sign. 5/201)

Tettau, Wilhelm: Bau- und Kunstdenkmäler der Stadt und des Kreises Erfurt (Bau- und Kunstdenkmäler der Provinz Sachen 13), Halle 1890 (Nachdruck Bad Langensalza 2011)

Register der Adressen

Register der Datierungen

Datierung	Nr.
1323	#49
nach 1330	#2b
1349	#2a
vor 1350	#4
1361	#26
1374	#36
1380	#27
1382	#5
1385	#46
1409	#16
1411	#32
1412	#13
1423	#5a
1432	#25
1434	#17
1445	#45
1447	#43
um 1450	#1
1451	#44
1455	#2
1456	#54
1467	#31
1468	#42
1469	#6
1470	#26a
1472	#18
1473	#19
1476	#15
1482	#38
1484	#14
1491	#52
1494	#49a
1500	#28
um 1520	#29
1521	#22
1521	#24
1527	#41
1538	#40
1540	#47
1548	#23
1557	#12
1558	#34
1562	#7
1569	#21
1584	#8
1603	#11
1680	#20a
1695	#20b
1716	#35
1723	#30
1724	#48a
1727	#8a
1731	#39a
1735	#39a
1738	#51
1752	#50
1758	#33
1769	#40
1883	#10
1883	#9
1893	#39b
1909	#39
1919	#3
1999	#37
2010	#48

Konkordanz zu Jahr/Lorenz

Jahr/Lorenz	Nr.
9	#2a
10	#4
17	#26
19	#36
20	#27
25	#5
26	#46
30	#16
33	#13
39*	#5a
45	#17
46	#25
49	#44
55	#45
60	#43
68	#1
69	#44
70	#2
92	#31
93	#42
95	#6
101	#18
115	#15
127	#14
147	#32
156	#28
178	#29
182	#24
191	#18
202	#40
204	#47
226	#23

WEITERE BÜCHER AUS DER GESCHICHTE ERFURTS

Ein Enchiridion oder Handbüchlein geistlicher Gesänge und Psalmen (Erfurt 1524)
2. Aufl. Speyer 2011, 108 Seiten, kartoniert, ISBN: 978-3-939526-03-2 – 6 Euro

1524 wurde in Erfurt im Haus zum Färbefass (Pergamentergasse 16) das seither »Färbefass-Enchiridion« genannte Gesangbuch gedruckt, das rasch weite Verbreitung fand und dessen Lieder teils bis heute in den Gesangbüchern katholischer wie insbesondere evangelischer Kirchen stehen. Diese Lieder in der Weise zu singen, in der sie 1524 erschienen sind, ermöglicht die vorliegende Ausgabe. Nach einer Wiedergabe des Originaldrucks bietet sie in modernem Notensatz und singbaren Textfassungen die Erfurter Enchiridion-Lieder, »welche ein jeglicher Christ billig bei sich haben soll und tragen zu steter Übung, in welchen auch die Kinder mit der Zeit auferzogen und unterwiesen werden mögen.«

Luthers Aufruf zur Gründung von Schulen,
an denen Alte Sprachen gelehrt werden (Erfurt 1524)
1. Aufl. Speyer 2023, 124 Seiten, kartoniert, ISBN 978-3-939526-59-9 – 7 Euro

Martin Luther (1483–1546) schrieb 1524 an die Ratsherren der deutschen Städte: Wir brauchen neue Schulen, an denen die Alten Sprachen unterrichtet werden und die damit einen eigenen kritischen Zugang zum Bibeltext ermöglichen. Jungen und Mädchen sollten überhaupt gut gebildet werden, da die Kirche und insbesondere auch der Staat tüchtigen und gebildeten Nachwuchs benötigen. Luthers Ratsherrenschrift führte schon bald vielerorts zur Gründung von evangelischen Ratsschulen, die oft noch heute als Humanistische Gymnasien Bestand haben. Die vorliegende Ausgabe präsentiert Luthers Schrift in der in bei Wolfgang Stürmer (Paulstraße 21) in Erfurt 1524 publizierten Fassung in Kopie, Transkription und Übertragung und erschließt sie mit einer Einleitung, Erläuterungen und Register.

Adam Ries: Das erste Rechenbuch (Erfurt 1525)
1. Aufl. Speyer 2018, 228 Seiten, kartoniert, ISBN 978-3-939526-38-4 – 7,50 Euro

Das erste Rechenbuch von Adam Ries (oder Adam Riese, 1492–1559), das in Erfurt 1525 bei Mathes Maler im Haus zu Schwarzen Horn (Michaelisstraße 48) erschienen ist, wird hier in einem neuen Faksimile, einer Transkription und einer modernen Übertragung zugänglich gemacht und durch eine ausführliche Einleitung erschlossen. Mit über hundert aus dem Leben gegriffenen Textaufgaben macht uns Ries das Rechnen in der frühen Neuzeit lebendig und bietet damit einen einmaligen Einblick in Handel und Wandel im Erfurt seiner Zeit. Das Buch ermöglicht zugleich, heute so zu rechnen wie ein Rechenmeister vor 500 Jahren.

In jeder guten Buchhandlung erhältlich, in Erfurt z. B. bei www.peterknecht.de.